안녕, 다빈치!

고정욱 글 | 엄유진 그림

자유문고

호기심

"아, 새들은 좋겠다!"
들판에 나온 레오나르도는 하늘을 나는 새들을 보며 외쳤어요.
"물고기들과 물속에서 놀아보았으면…"
실개천을 들여다보며 레오나르도는 물고기들을 뚫어져라 살폈어요.

레오나르도는 5세 때 어머니와 떨어져 할아버지와 아버지 밑에서 자랐어요. 기초적인 공부는 다 아버지와 할아버지가 가르친 거랍니다. 음악과 미술은 물론이고 읽기, 쓰기 등도 다 이때 익힌 거예요.

뛰어난 재능

그림에 소질이 있던 레오나르도는 유명한 화가 베로키오의 공방에서 조수 생활을 시작했어요.
베로키오의 공방에서는 많은 제자들이 스승을 도와 그림을 그리거나 조각상을 만들었어요.
14세에 이 공방에 들어간 레오나르도는 늘 사물을 관찰하며 새로운 것에 관심을 기울였어요.
"레오나르도, 내 그림에 천사 한 명을 그려보렴."
〈그리스도의 세례〉라는 그림을 주문받은 스승이 레오나르도에게 기회를 주었어요.
"네, 스승님."
레오나르도는 새롭게 준비한 유화물감으로 3년만에 그림을 완성했어요.
"아니, 이럴수가!"
그림을 본 스승은 레오나르도가 자신보다 더 뛰어난 재능을 가졌다는 것을 알았어요.
"레오나르도야. 나는 이제 더 이상 그림을 그리지 않을 것이다.
앞으로는 견습생들을 네가 이끌도록 해라."
그렇게 해서 레오나르도는 재능을 맘껏 뽐냈어요.

음악과 미술

"자, 일이 끝났으니 모여서 연주회를 열자고."
베로키오의 공방에서는 제자들이 모여서 가끔 연주회를 열었어요.
"레오나르도, 자네가 안 오니까 자꾸 틀려."
음악에도 소질이 있던 레오나르도는 류트 연주의 대가였어요.
"잠깐만 기다려. 악기를 새로 하나 만드는 중이야."
레오나르도는 악기가 소리를 내는 것에 관심이 많았어요.
그래서 그림을 그리거나 연구를 할 때 늘 방안에 음악이 흐르도록 했답니다.
나중에 레오나르도는 '리라'라는 악기를 만들어 밀라노의 궁전에서 연주하기도 했어요.
리라는 손가락으로 뜯기도 하지만 활로 그으면서 아름다운 소리를 낼 수 있게 만든 거예요.
"오, 아름다운 태양이여~ 여인의 입술이여~"
레오나르도는 악기를 연주하고 만드는 것뿐만 아니라 노래도 부르고 음악을 가르치기도 했어요.
어느 한 분야에만 관심을 가진 게 아니랍니다.

레오나르도는 바람이나 메아리, 종소리 등 소리가 다른 것에도 관심을 가졌지요. 소리가 나는 이치도 연구하고 관찰했답니다. 이런 관심을 바탕으로 그는 새로운 악기를 여럿 만들었어요.

다빈치의 자동연주 악기를 그려보자.

르네상스 시기에는 궁정에서 열리는 모든 행사나 잔치에 음악이 큰 역할을 했어요. 왕들은 실력있는 화가만큼 능력있는 음악가도 필요했어요. 레오나르도는 리라 연주는 물론이고 반주에 맞춰 즉흥시까지 노래했다고 해요.

기계 사랑

"물레보다 더 빠르게 많은 실을 감아내는 기계는 없소?"
레오나르도가 그림의 모델이 된 베 짜는 여인에게 물었어요.
"화가님. 이 땅의 여인들은 모두 이렇게 실을 자아서 한 올 한 올 옷감을 만든답니다."
"그러면 너무 힘이 들잖아요."
"어쩔 수 없답니다."
레오나르도는 그림의 모델이 되어 물레를 돌리는 여인을 보고는 그 즉시 기계를 고안하기 시작했어요. 먼저 실을 감는 물레를 자세히 관찰하고 기계로 만들 방법을 생각했지요.
'기계가 있으면 여러 겹의 실을 빠르고 고르게 꼬아서 많이 만들 수 있을 거야.'
레오나르도는 사람이 하는 일은 모두 기계가 할 수 있다고 생각했어요.
그래서 늘 관찰한 것을 토대로 사람의 힘들고 어려운 일을 기계가 대신하도록 궁리하고 그 아이디어를 노트에 그림으로 그리며 적었어요. 베틀, 비행선, 물레방아, 날개장치, 회전장치 등등 이 세상에 쓰일 많은 기계를 고안했지요.

기계를 새롭게 발명하면 큰돈을 벌 수도 있고 유명해지기도 해요. 하지만 아이디어가 새어 나가면 말짱 도루묵이죠. 레오나르도는 왼손잡이인 자신의 특징을 살려 글씨를 읽기 어렵게 좌우를 뒤집어 썼어요. 그래서 그의 글씨는 모두 거울에 비춰보아야 제대로 읽을 수 있답니다.

다빈치가 설계했던 기계를 그려보자.

레오나르도가 설계한 자동차나 비행기, 혹은 헬리콥터는 모두 훌륭했지만 대부분 실패로 끝났어요. 아직 그런 기계를 빠르고 강하게 움직일 에너지가 없었기 때문이에요.

"냐옹!"
레오나르도의 공방에서 고양이 울음소리가 들려요.
"누구의 고양이냐?"
레오나르도가 묻자 견습생인 루도비코가 손을 들었어요.
"죄송합니다. 길에서 울고 있길래 데려왔어요. 곧 내다 버릴게요."
"아니다. 그냥 둬라."
레오나르도는 노트를 가지고 오더니 고양이를 뚫어져라
관찰했어요. 그리고 고양이가 움직이거나 누워 있는
모습을 빠르게 스케치하기 시작했어요.
'어떻게 고양이는 저렇게 등을 동그랗게
구부릴 수 있을까?'
관찰을 하면서 레오나르도는 고양이의
안을 들여다보고 싶을 정도였어요.
이런 관찰의 힘은 레오나르도가 다른
기계를 만들거나 아이디어를 낼 때
무척 중요한 역할을 했답니다.

레오나르도는 큰 새가 날개를 편 채 나는 것을 보았어요. 그리고 요즘의 행글라이더와 비슷한 장치로, 높은 곳에서 뛰어내리면서 나는 장치를 흉내내 만들기도 했어요. 하지만 나무와 헝겊이라는 재료가 너무 무거워 나는 데는 실패했지요.

하늘을 날고 싶어

'새가 하늘을 나는 건 공기가 몸을 받쳐주기 때문이야.'
화가, 음악가, 기술자로 이름을 날리던 레오나르도는 하늘을 나는 기계를 만들려고 생각했어요.
'공기를 빠르게 아래로 밀어내리면 허공에 뜰 수 있지.'
레오나르도는 남자 넷이 꽈배기 같은 날개를 돌려 하늘로 올라가는 장치를 설계했어요.
하지만 사람의 힘으로 하늘을 나는 건 불가능했어요. 하늘을 날려면 많은 에너지와 함께
아주 가벼운 몸체, 그리고 공기의 흐름을 잘 이용할 수 있어야 하니까요.
'날개가 크고 가벼워야 할 것 같아.'
가벼운 재료로 날개를 만들어 보기도 하고, 날개를 펄럭일 기계장치도 생각해 보았지만
성공하진 못했어요. 그렇지만 포기하지 않고 끝까지 도전했다는 게 중요한 거랍니다.

하늘을 나는 방법은 날갯짓 하는 것, 프로펠러를 돌려 올라가는 것, 비행기처럼 고정된 날개로 엔진의 힘을 이용하는 것 등인데, 레오나르도는 이 모든 방법을 이미 다 생각해 보았답니다. 놀라운 일이 아닐 수 없어요.

다빈치가 디자인한 꽈배기 비행선을 그려보자.

예술가에게는 후원자가 필요했어요.
예술만으로 생계를 책임질 수 없기 때문이었죠.
그래서 르네상스 당시 많은 예술가들은 후원자를
구했답니다. 레오나르도 다빈치도
예외는 아니었어요.

싸움에서도 이겨야 해

레오나르도는 스포르차 공작의 나라에 머무르면서 예술활동을 했어요. 그런데 이 나라의 통치자인 스포르차 공작이 고민을 하는 거예요.
"다른 나라에서 우리를 쳐들어 올 때 어떻게 지켜야 하지?"
그 말을 들은 레오나르도가 나섰습니다.
"제가 있는데 무슨 걱정이십니까? 제가 새로운 무기를 만들고 성벽을 쌓아 드리겠습니다."
"자네는 화가 아닌가?"
"공작님, 저는 화가이자 기술자이면서 군사 전문가입니다."
그날부터 레오나르도는 적들이 쉽게 올라올 수 없는 성벽을 설계했어요. 폭탄이 날아와도 무너지지 않고, 경사가 급해서 적들이 잘 기어 오를 수도 없었답니다.
"여기에서 적들에게 갇혀 못 나가면 어떻게 하는가?"
"그것도 걱정 마십시오."
레오나르도는 멋진 낙하산 설계도를 보여주었어요.
"이걸 타고 성밖으로 날아가 적의 뒤를 치면 됩니다."
"오호, 당신은 역시 천재야."
스포르차 공작은 환하게 웃었어요.

당시 이탈리아는 작은 나라로 쪼개져서 경쟁하고 있었어요. 그래서 각 나라의 통치자들은 경쟁심이 강했어요. 예술로도 경쟁했지만 힘으로도 경쟁을 해서 전쟁이 벌어지곤 했어요.

다빈치가 설계한 장갑차를 그려보자.

미래에는 가능할 거야

"하늘을 날다가 떨어졌어요."
"당신이 만든 물건은 너무 무거워서 날지 못해요."
"설계는 좋지만 실제로는 만들 수가 없어요."
레오나르도가 설계한 물건들은 대부분 실패했어요. 물론 성공한 것도 있지만 아주 드물어요.
그렇지만 레오나르도는 절대 포기하지 않았어요.
"언젠가 내가 꿈꾼 물건들이 이 세상을 돌아다니게 될 거라구."
레오나르도는 오래 전부터 전해져 내려오던 무기나 기계들의 설계도를 보고
자신의 생각을 덧붙여 새로운 발명을 계속했어요. 적진으로 들어가 사방으로 대포를
쏠 수 있는 탱크, 하늘을 나는 비행기, 물속을 다닐 수 있는 잠수복 등등……
레오나르도의 상상은 끝이 없었지만 기술은 그 상상을 뒤따라가지 못했어요.
'언젠가 이 물건들을 다 만들 수 있는 시대가 올 거야. 나는 자세히 기록을 남겨야 해.'
오늘날 우리가 볼 수 있는 그의 노트는, 레오나르도가 우리에게 준 큰 선물이기도 해요.

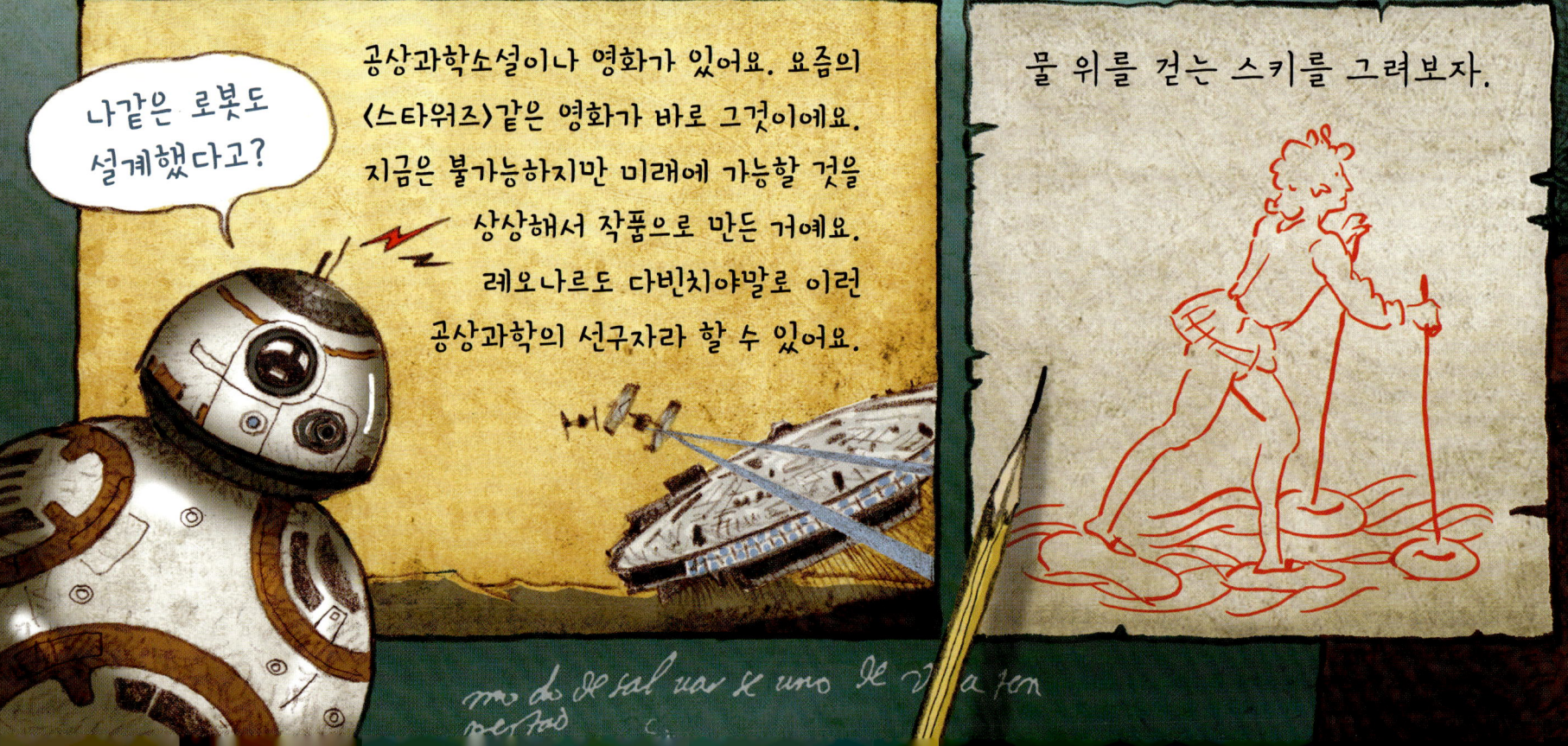

나같은 로봇도 설계했다고?

공상과학소설이나 영화가 있어요. 요즘의 〈스타워즈〉같은 영화가 바로 그것이에요. 지금은 불가능하지만 미래에 가능할 것을 상상해서 작품으로 만든 거예요. 레오나르도 다빈치야말로 이런 공상과학의 선구자라 할 수 있어요.

물 위를 걷는 스키를 그려보자.

레오나르도는 전쟁을 싫어했지만 기발한 무기들을
많이 설계했어요. 기계를 사용하면 많은 사람이
죽지 않고 전쟁이 쉽게 끝날 거라 생각했기 때문이에요.

예술작품을 남기고

"다빈치씨, 우리 수도원의 벽에 그림을 하나 그려주시오."
밀라노의 그라치에 수도원에서 레오나르도에게 벽화를 하나 부탁했어요.
레오나르도는 이 벽에 기가 막힌 그림을 그리기로 마음먹었어요.
예수님이 최후에 제자들과 함께 식사하는 그림이지요.
'난 전혀 새로운 그림을 그릴 거야.'
레오나르도는 그 당시 잘 쓰지 않던 원근법을 이용했어요. 그리고 물감도 그동안 다른 화가들이 쓰던 것이 아니라 새로운 것을 사용했어요. 사람들의 표정이나 동작도 완전히 새로웠지요. 이건 모두 레오나르도가 그림에만 몰두한 게 아니라 다양한 지식과 정보를 수집해서 자기 것으로 만들었기 때문에 가능했어요.
"와, 벽이 정말 뒤로 이어진 것 같아."
"수도원이 더 넓어진 것으로 보여."
그림이 완성된 뒤 사람들은 모두 레오나르도가 남긴 걸작품에 열광했답니다.

지금으로부터 500년 전의 이탈리아는 유럽에서 가장 번영한 나라였어요. 무역으로 돈을 많이 벌었고, 그로 인해 탐구와 발명이 활발하게 이루어졌으며, 예술가와 과학자들은 자연과 인간의 관계를 새롭게 바라봤답니다.
이런 시대를 르네상스라고 해요.

인체가 궁금해

깜깜한 밤이었어요. 공동묘지의 시체실에 그림자가 하나 스며들었어요.
등불에 비친 얼굴은 아름다운 수염을 기른 레오나르도 다빈치였어요.
그의 지시에 따라 제자가 이제 갓 죽은 시체를 깨끗이 씻었어요.
"이 등불을 잡고 있어라." 레오나르도는 칼을 들고 시체를 해부하기 시작했어요.
세상 모든 일에 관심이 많은 레오나르도는 인체의 신비도 무척 궁금했어요.
그래서 이렇게 몰래 시체를 해부해 근육이나 장기를 두 눈으로 직접 보았어요.
"음, 심장은 이렇게 생겼구나."
레오나르도는 보고 마는 것이 아니라 장기와 근육을 일일이 다 스케치했어요.
기록으로 남기기 위해서이지요.
'그림 속의 사람들이 진짜 같으려면 사람의 몸도 낱낱이 알아야 하는 법이지.'
그렇게 레오나르도는 인체의 해부학도 자신의 예술이나 발명에 연결시켰답니다.

음...자네가 하는 일이라면 믿고 지지해주겠네.

당시에 시체 해부는 불법이었는데 교황인 레오 10세가 다빈치를 아껴서 특별히 허락해 주었어요. 교황은 르네상스를 일으킨 메디치 가문의 사람이었기에 예술과 과학에 대한 이해가 남달랐어요.

다빈치의 인체비례도를 그려보자.

모든 걸 뒤섞어

레오나르도의 예술 작업은 단순히 사물을 보고 그린 것이 아니에요. 작품에 철학, 수학, 해부학, 과학 등이 다 녹아들어 있답니다. 이것을 우리는 융합이라고 말한 답니다.

"선생님, 이 그림 좀 봐주세요."
제자가 작업 중인 그림을 가져오면 아침에 레오나르도가 그림을 그려요.
"스승님, 이 수학문제는 어떻게 푸나요?"
그림을 마치면 점심을 먹기 전까지 수학문제를 풀지요.
그리고 점심을 먹으면서 음악에 쓸 곡을 만들거나 악기를 연주해요.
오후에는 기계를 만들고, 밤늦은 시간엔 시체를 해부해서 사람의 몸을 들여다보지요.
하루에도 수십 가지 전혀 다른 분야의 일을 해요. 이래서 사람들은 레오나르도를 과학자, 발명가, 화가, 음악가 등등으로 불렀어요.
하지만 가장 중요한 건 이 모든 게 절대 다른 것이 아니라는 걸 레오나르도가 알고 있었다는 점이에요.
'세상은 모두 하나이고 우리는 다 연결되어 있다. 모든 기술과 예술은 하나라구.'
레오나르도가 융합을 소중히 여긴 이유랍니다.

그림 속에 이 모든 것을 녹여 넣었다오.

멀티태스킹은 동시에 여러 가지 일을 한다는 뜻이에요. 컴퓨터 화면에 많은 창을 열고 일하는 것과 같지요. 레오나르도 다빈치는 바로 이렇게 다양한 일을 연결지어서 할 줄 알았어요.

다빈치의 자화상을 그려보자.

기록으로 남겨야지

레오나르도는 1519년 병에 걸려 숨을 거두어요. 그는 죽기 전에 수첩에 이렇게 적었어요. "나는 계속하리라." 레오나르도의 죽음은 많은 사람을 슬프게 했어요. 하지만 레오나르도는 죽어도 죽은 게 아니에요. 그가 남긴 기록이 있으니까요. 그가 꾸준히 기록하고 스케치한 그림은 인류의 위대한 유산이 되었어요. 예술, 과학, 해부학, 지식, 문화, 음악, 수학 등이 모두 녹아들어 있는 엄청난 분량이지요. 무려 2만 페이지나 된다고 해요. 이걸 우리는 〈다빈치의 코덱스〉라고 불러요. 양피지로 두루마리를 만든 게 아니라 책처럼 만들어 직접 뭐든 기록할 수 있는 노트라는 뜻이에요. 인류의 경험과 지식을 하나로 뭉뚱그려서 새로운 아이디어로 만들어낸 그의 이름은 바로 레오나르도 다빈치랍니다.

레오나르도 다빈치는 어떤 사람일까요?

세상에서 가장 아름다운 미소는 누구의 미소일까요? 엄마가 아이를 보고 웃는 모습이에요. 엄마의 미소를 빼고, 예술에서는 '모나리자의 미소'를 가장 아름다운 미소라고 해요. 〈모나리자〉는 그림이에요. 모두들 어디선가 한번쯤은 보았을 거예요. 그림을 그린 사람이 레오나르도 다빈치예요. 그는 1452년에 이탈리아 토스카나 지방의 산골 마을 '빈치'라는 곳에서 태어났어요. 레오나르도는 이름이고, 다빈치는 '빈치사람'이라는 뜻이에요. 빈치사람 레오나르도, 우리나라로 말하면 '서울사람 홍길동'과 같아요.

모나리자

어린 레오나르도는 호기심이 많았어요. 매일 하늘과 별과 달과 나무와 숲과 새와 풀벌레를 꼼꼼하게 관찰했어요. 그러다가 움직이고 변화하는 자연의 움직임을 잊지 않으려고 그림을 그리기 시작했어요. 또한 전해오는 재미있는 이야기에 자기가 관찰한 모습을 더해서 용과 같은 상상 속의 동물들도 그렸어요. 14살에 유명한 베로키오의 제자가 된 레오나르도는 훌륭한 스승 밑에서 본격적으로 그림과 조각을 배웠어요. 그리고 스승인 베로키오에게 실력을 인정받은 레오나르도는 차츰 유명해졌어요. 그가 그린 그림 중에 산타마리아 성당의 식당 벽에 그린 〈최후의 만찬〉과 앞서 말한 〈모나리자〉가 특히 유명해요. 그래서 그는 르네상스 3대 예술가 중 첫 번째로 꼽히곤 해요.

레오나르도 다빈치가 활동한 시기를 르네상스시대라고 해요. 유럽에서 산업이 활발하게 일어나고, 문화나 예술 등이 비약적으로 발달한 시기를 가리키는 말이에요. 레오나르도는 그런 르네상스시대를 대표하는 사람이에요. 그의 관심과 활동은 그림에만 그치지 않았어요. 그는 그림, 건축, 기계, 해부, 천문, 음악, 사상 등 다양한 분야에서 탁월한 업적을 쌓았어요.

최후의 만찬

예를 들어 볼게요.

지금으로부터 500년 전에 레오나르도는 로봇의 원리를 생각해 냈어요. 그리고 실제로 그는 '사자로봇'을 만들기도 했어요. 당시 프랑스 왕에게 선물로 보내졌는데, 몸통에서 꽃송이들을 토해내 왕비를 기쁘게 했다고 해요.

어릴 때부터 하늘을 나는 새를 보고 "사람은 하늘을 날 수 없을까?"를 생각하던 그는 새처럼 날 수 있는 비행기를 만들었어요. 하지만 아쉽게도 당시 과학기술의 한계 때문에 성공하지는 못했어요.

지금은 현대인의 필수품이 되어 있는 자동차도 레오나르도에게서 그 뿌리를 찾아볼 수 있어요. 대포나 잠수복, 실짜는 기계, 악기 등도 만들었으니 가히 발명왕이라고 불러도 과언이 아니겠지요.

레오나르도의 중요한 작품 중 하나는 인체비례도예요. 인간의 몸에 대한 관심과 지식을 바탕으로 한 황금비율이 나타나 있어요. 여기에서 관찰한 비례와 균형의 원리는 그가 다른 발명품들을 만드는 데 기초가 되었다고 해요.

여기서 잠깐, 한 가지 생각해볼 것이 있어요. 황금비율은 레오나르도 다빈치가 만들었을까요? 아니에요. 그는 자세히 관찰하고 기록하면서 황금비율과 다른 원리들을 발견한 거예요. 그리고 자연에는 아직도 인류가 발견하지 못한 많은 과학적 원리들이 숨어 있어요. 여러분도 주변 사물에 호기심을 가지고 계속 관찰한다면 발견의 주인공이 될 수 있을 거예요. 거기에다가 상상력을 발휘하여 새로운 것에 도전한다면 발명의 주인공까지 될 수 있겠죠?

레오나르도 다빈치는 이런 말을 남겼어요. 한 번쯤 생각해볼 만한 말이에요.

"세상에는 세 부류의 사람들이 있다. 보려는 사람, 보여주면 보는 사람, 그래도 보지 않는 사람들이다."

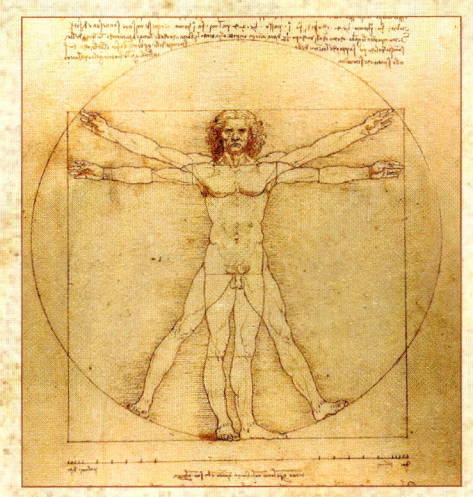

인체비례도

글 ● 고정욱

저자 고정욱은 250권이 저서를 발간한 기록을 갖고 있는 우리나라 정상급 작가입니다. 1992년 문화일보 신춘문예에 단편소설「선험」이 당선되면서 작가의 길을 걷기 시작하였으며, 장편소설『원균』을 펴내 베스트셀러가 되기도 했습니다. 그 후 장애인을 소재로 한 동화를 많이 발표했으며, 대표작으로『아주 특별한 우리 형』,『안내견 탄실이』,『네손가락의 피아니스트 희아의 일기』등이 있습니다. 특히『가방 들어주는 아이』는 초등학교 4학년 교과서에 실려 있습니다. 생애 통산 500권을 발간하는 것이 목표인 고정욱 선생님은 오늘도 활발한 강연과 집필 활동으로 어린이들에게 꿈과 희망을 전해주고 있습니다. 이 책은 고등학교 때까지 이과였다가 대학을 문과로 진학한 작가가 아주 즐겁게 작업한 결과물입니다. 본인이 다빈치처럼 세상만사에 관심이 아주 많은 융합형 인간이기 때문입니다.

● Email : kingkkojang@hanmail.net   ● Blog : http://blog.daum.net/kingkkojang

그림 ● 엄유진

그림을 그린 엄유진 작가는 이화여대 정보디자인과 학부와 대학원을 졸업하고, 영국 킹스턴 대학교에서 일러스트레이션 석사학위를 받았습니다. 그린 작품으로는 영국 Caterpillar에서 출간한 그림 동화책『Peepo Faires』시리즈와『Sammy Snail』이 있고, 한국에서는『세상에서 가장 아름다운 아가』(아름다운재단 돌기념나눔동화),『행복한 철학자』,『숲으로 가는 사람들』등이 있습니다. 현재 북디자이너 겸 프리랜스 일러스트레이터로 활동 중입니다.

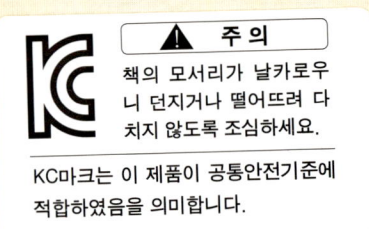

안녕, 다빈치!

초판 1쇄 인쇄 2016년 12월 15일 | 초판 1쇄 발행 2016년 12월 22일
글 고정욱 | 그림 엄유진 | 펴낸이 김시열
펴낸곳 도서출판 자유문고 (02832) 서울시 성북구 동소문로 67-1 성심빌딩 3층
　　　　전화 (02) 2637-8988 | 팩스 (02) 2676-9759
ISBN 978-89-7030-106-8 77990　값 13,000원
http://cafe.daum.net/jayumungo (도서출판 자유문고)